ESCRITO E ILUSTRADO POR

PAULO DEBS

O LIVRO DAS VIRTUDES BÍBLICAS

Vida KIDS

Vida

Editora Vida
Rua Conde de Sarzedas, 246 — Liberdade
CEP 01512-070 — São Paulo, SP
Tel.: 0 xx 11 2618 7000
atendimento@editoravida.com.br
www.editoravida.com.br
@editora_vida /editoravida

Editora-chefe: Sarah Lucchini
Coordenadora de projetos Vida Kids: Vitoria Reis
Assistente de projetos Vida Kids: Daniela Teles
Revisão: Gabriella Cordeiro e Mylène Soares
Revisão de provas: Paulo Oliveira e Eliane Viza
Projeto gráfico: Claudia Fatel Lino
Diagramação: Philipe Santos, Marcelo Alves e Willians Rentz
Ilustração: Paulo Debs
Capa: Claudia Lino, Helena Carvalho Oliveira, Lira Lira

O LIVRO DAS VIRTUDES BÍBLICAS

Todas as citações bíblicas e de terceiros foram adaptadas segundo o Acordo Ortográfico da Língua Portuguesa, assinado em 1990, em vigor desde janeiro de 2009.

■

As opiniões expressas nesta obra refletem o ponto de vista de seus autores e não são necessariamente equivalentes às da Editora Vida ou de sua equipe editorial.

Os nomes das pessoas citadas na obra foram alterados nos casos em que poderia surgir alguma situação embaraçosa.

Todos os grifos são do autor, exceto os indicados.

1. edição: nov. 2024
1ª reimp.: jun. 2025

Dados Internacionais de Catalogação na Publicação (CIP)
(Câmara Brasileira do Livro, SP, Brasil)

Debs, Paulo
O livro das virtudes bíblicas / Paulo Debs ; [ilustração do autor]. -- 1. ed. -- São Paulo : Editora Vida, 2024.

ISBN 978-65-5584-602-7

1. Cristianismo - Literatura infantojuvenil 2. Histórias bíblicas - Literatura infantojuvenil 3. Jesus Cristo - Literatura infantojuvenil I. Título.

24-234420 CDD-028.5

Índice para catálogo sistemático:

1. Literatura infantil 028.5
2. Literatura infantojuvenil 028.5

Aline Graziele Benitez - Bibliotecária - CRB-1/3129

ESTA OBRA FOI TOTALMENTE DESENVOLVIDA SEM O USO DE INTELIGÊNCIA ARTIFICIAL.

PREFÁCIO

Deus é artista
e alguns de seus filhos carregam essa característica.
Para quem duvida das artes do Senhor,
a criação é o melhor remédio,
pois prova por A mais B
que as criaturas não iam ficar no tédio.
Do grão de mostarda à estrela gigante,
é tanta coisa linda e fascinante.
Mas antes que eu continue a rimar
inspirado pelo meu amigo,
deixe-me falar de sua obra
e de como ela mexe comigo...

Com os adornos de sua arte que há muitos anos empenha com paixão — palavras doces e contornos cativantes —, Paulo Debs, nesta obra, reconta trechos da Escritura nos quais o Senhor ensina virtudes. A pressuposição essencial, portanto, sobre a qual este livro se desenvolve é a sólida convicção de que há um Deus que criou todas as coisas e definiu o que é certo, reto, belo e virtuoso.

Essas virtudes, no entanto, não são parte das coisas criadas, elas antecedem à criação, pois estão desde a eternidade cravadas no caráter de Deus. Não há razão maior para que o ensino aqui presente seja buscado por nós: *O Livro das Virtudes Bíblicas* trata de valores eternos.

Num tempo em que desde muito cedo as crianças são bombardeadas com a relativização de valores absolutos, esta obra é uma joia que deve reluzir sobre a mente e o coração dos pequenos, especialmente porque a origem do seu brilho é a mais sublime, é o coração do Senhor, quem ele é, foi e será eternamente.

Meu desejo é que Deus continue usando a vida desse seu filho artista, Paulo Debs, para que permaneça adornando com arte e encanto as verdades do Senhor nas quais está tão bem fundamentado.

Continuando a rima passada,
quero encerrá-la na seguinte toada:
embora a criação seja exuberante em seu fulgor,
a beleza mais bela vem das virtudes do Senhor.

Pr. Bryan Temple

Pastor da Igreja Presbiteriana de Boituva-SP

AOS PAIS

Conta-se uma antiga lenda dos indígenas cherokee, que nos traz uma profunda reflexão sobre a vida. Um sábio ancião cherokee, em meio aos seus netos, compartilhou uma importante lição:

— Dentro de mim, há uma batalha sendo travada. É uma luta terrível entre dois lobos. Um deles representa o medo, a cólera, a inveja, a tristeza, o remorso, a arrogância, a autopiedade, a culpa, o ressentimento, a inferioridade e a mentira. O outro lobo, por sua vez, simboliza a paz, a esperança, o amor, a alegria, a delicadeza, a benevolência, a amizade, a empatia, a generosidade, a verdade, a compaixão e a fé.

O ancião, com serenidade, prosseguiu:

— Essa mesma batalha está sendo travada dentro de cada um de vocês e de todas as pessoas deste mundo.

As crianças, imersas em pensamentos, refletiram sobre suas palavras. Então, uma delas, curiosa, perguntou ao avô:

— E qual dos lobos vencerá?

O sábio respondeu calmamente:

— Aquele que for mais alimentado.

Essa história, tão simples em sua narrativa, encerra uma verdade profunda. Qual pai ou mãe não deseja ver seu filho bem alimentado, com todas as suas necessidades supridas? Vivemos em uma era em que os desejos das crianças são prioritários, buscando sempre garantir-lhes a felicidade. Famílias empenham-se em saciar suas necessidades materiais, provendo os melhores brinquedos, as mais novas tecnologias. No entanto, é imperativo que não nos esqueçamos: a criança é um ser em formação, e suas necessidades transcendem o mero sustento material.

Dentro de cada criança habita um espírito que também clama por alimento – não o físico, mas o espiritual, capaz de apaziguar os conflitos internos próprios da idade. E é aos pais, tutores e mestres que recai a responsabilidade de prover esse alimento adequado: as virtudes. Essas virtudes são o verdadeiro sustento da alma e farão toda a diferença na formação do caráter de nossos filhos.

Nós, pais e guias, somos como garçons, diariamente servindo aquilo que de melhor existe para o desenvolvimento em graça e sabedoria. Como nos ensina Provérbios 9.5, a própria Sabedoria convida a todos para seu banquete: "Vinde, comei do meu pão e bebei do vinho que tenho misturado" (ARC). As virtudes compõem esses nutrientes essenciais ao espírito humano. E quando nossos filhos, mais maduros, depararem-se com os banquetes sedutores que o mundo oferece, saberão distinguir seus sabores e compreender os verdadeiros valores que sustentam a vida.

Jesus, ao apresentar-se como o Pão da Vida, oferece-nos a plenitude de seu ser, saciando nossas fomes com os ensinamentos divinos. A Bíblia é o verdadeiro menu, completo e suficiente, capaz de nos fortalecer para enfrentarmos os lobos devoradores que, muitas vezes, disfarçam-se de bons. Cabe a nós, pais, guiarmos nossos filhos com sabedoria, oferecendo-lhes o alimento espiritual que os tornará aptos a vencer as batalhas que a vida lhes apresentará.

Assim, recordemos sempre: fomos chamados para guiar nossos pequenos discípulos no caminho da verdade. Alimentemos o lobo certo, aquele que trará honra aos pais e, acima de tudo, glorificará a Deus.

Paulo Debs

O autor

SUMÁRIO

AMIZADE

DISCIPLINA

HONESTIDADE

HUMILDADE

OBEDIÊNCIA

PERSEVERANÇA

RESPONSABILIDADE

O LIVRO DAS
VIRTUDES
BÍBLICAS

AMIZADE

AS TRÊS FLECHAS

A verdadeira amizade é provada diante das maiores adversidades.

Depois que Davi derrotou Golias, o gigante filisteu, o povo o saudou com muitos brados de vitória e alegria quando ele retornou da batalha. Isso despertou no rei Saul, rei de Israel, grande ciúme e inveja do jovem guerreiro. Dali ele passou a desconfiar que Davi poderia lhe tirar o trono, devido à sua grande popularidade. Então Saul passou a perseguir Davi, desejando tirar-lhe a vida.

O rei revelou a seu filho Jônatas e a seus súditos seu plano para matar seu concorrente, Davi. Mas o que ele não sabia era que Jônatas tinha uma grande amizade com Davi e foi depressa avisar o amigo sobre as más intenções de seu pai.

Jônatas aconselhou a Davi que se escondesse enquanto tentava convencer seu pai a mudar de ideia, mas o coração de Saul estava tão decidido a tirar a vida de Davi que não atendeu aos apelos do seu filho.

Inconformado, Davi perguntou a Jônatas:

— O que fiz de mal para que teu pai queira tanto me matar?

Confiante, Jônatas confortou o amigo:

— Deus não permitirá que nada te aconteça!

Como o rei Saul preparava uma festa naqueles dias, Davi propôs um plano a Jônatas:

— Vá à festa e procure saber se o rei desistiu do seu intento. Caso ele pergunte por mim, diga que não poderei estar presente.

— Vou descobrir as intenções do meu pai e virei avisar-te — disse Jônatas. — Daí lançarei três flechas em direção a teu esconderijo. Se caírem próximas de ti, estás a salvo; se caírem distantes, deves fugir e salvar-te.

Assim combinaram, e ali mesmo fizeram um juramento de serem eternos amigos.

No dia seguinte, na festa, o rei sentiu a falta de Davi e perguntou a seu filho sobre ele. Jônatas apenas justificou a falta do amigo.

Como a festa se estendeu até o outro dia, o rei perguntou novamente sobre a ausência de Davi, e mais uma vez Jônatas justificou a falta do amigo. Desconfiando do filho, Saul disse-lhe, irado:

— Enquanto Davi estiver vivo, tu nunca serás rei de Israel! Traga-o para mim para que eu o mate!

Discordando da atitude do pai, Jônatas lhe perguntou:

— Por que ele deve morrer? Ele não fez nada!

Tomado de muita raiva, Saul atirou uma lança contra o próprio filho.

Assim Jônatas compreendeu que seu pai estava mesmo disposto a matar Davi.

Na manhã seguinte, no campo onde Davi estava escondido, Jônatas atirou as três flechas e indicou ao amigo que sua vida estava em perigo.

Davi saiu do seu esconderijo e foi ao encontro do amigo. Diante de Jônatas ele caiu de joelhos, chorando aos seus pés. Jônatas disse ao amigo:

— Deus esteja contigo! Ele fará com que tu, eu e nossos descendentes nunca nos esqueçamos da sagrada promessa de sermos eternos amigos.

Aquela foi a última vez que Jônatas e Davi se encontraram. Tempos mais tarde, Saul e seu filho morreram numa batalha e Davi se tornou rei de Israel, mas em seu coração nunca foi esquecida a promessa de amizade que havia feito com seu amigo Jônatas.

MAIS FORTE QUE A MORTE

Em favor de uma grande amizade, Jesus realiza um grande milagre.

Jesus conhecia uma família que o acolheu diversas vezes em suas jornadas. Eles moravam na Judeia e eram os irmãos Marta, Maria e Lázaro. Jesus tinha por eles grande amor, e a amizade deles era conhecida entre os seus discípulos.

Aconteceu que Jesus estava sendo perseguido na Judeia por aqueles que queriam tirar-lhe a vida só por se declarar o próprio Filho de Deus.

Um dia, seus discípulos deram uma triste notícia para Jesus — seu amigo Lázaro havia falecido. Imediatamente Jesus decidiu ir à Judeia para visitar a família amiga.

Os discípulos tentaram impedir o Mestre, dizendo:

— Seremos mortos se voltarmos àquela cidade!

Mas Jesus respondeu com toda a convicção:

— A morte do meu amigo será motivo para glorificar a Deus.

E seguiram Jesus até a Judeia.

Chegando lá, Jesus encontrou Marta e Maria muito abatidas. Elas lamentaram:

— Mestre, se o senhor estivesse aqui, nosso irmão ainda estaria vivo!

— Levem-me ao lugar em que ele foi sepultado! — respondeu Jesus.

Diante do túmulo, vendo todos ao redor em prantos, Jesus também chorou pelo amigo falecido.

— Jesus, ele já está morto há quatro dias! — lamentou Maria.

Mas aí, rompendo o momento com uma oração, Jesus clamou a Deus:

— Pai, eu sei que o senhor já respondeu a minha petição.

E, pedindo para tirarem a pedra do túmulo, ordenou:

— Lázaro, saia da sepultura e venha para fora!

Imediatamente, num inacreditável milagre, Lázaro saiu andando da tumba escura em direção ao Mestre.

Muitos que estavam ali creram que Jesus era, realmente, o Filho de Deus que tanto ele professava ser.

E os irmãos se abraçaram com Jesus, celebrando, unidos, sua amizade, que era mais forte que a própria morte.

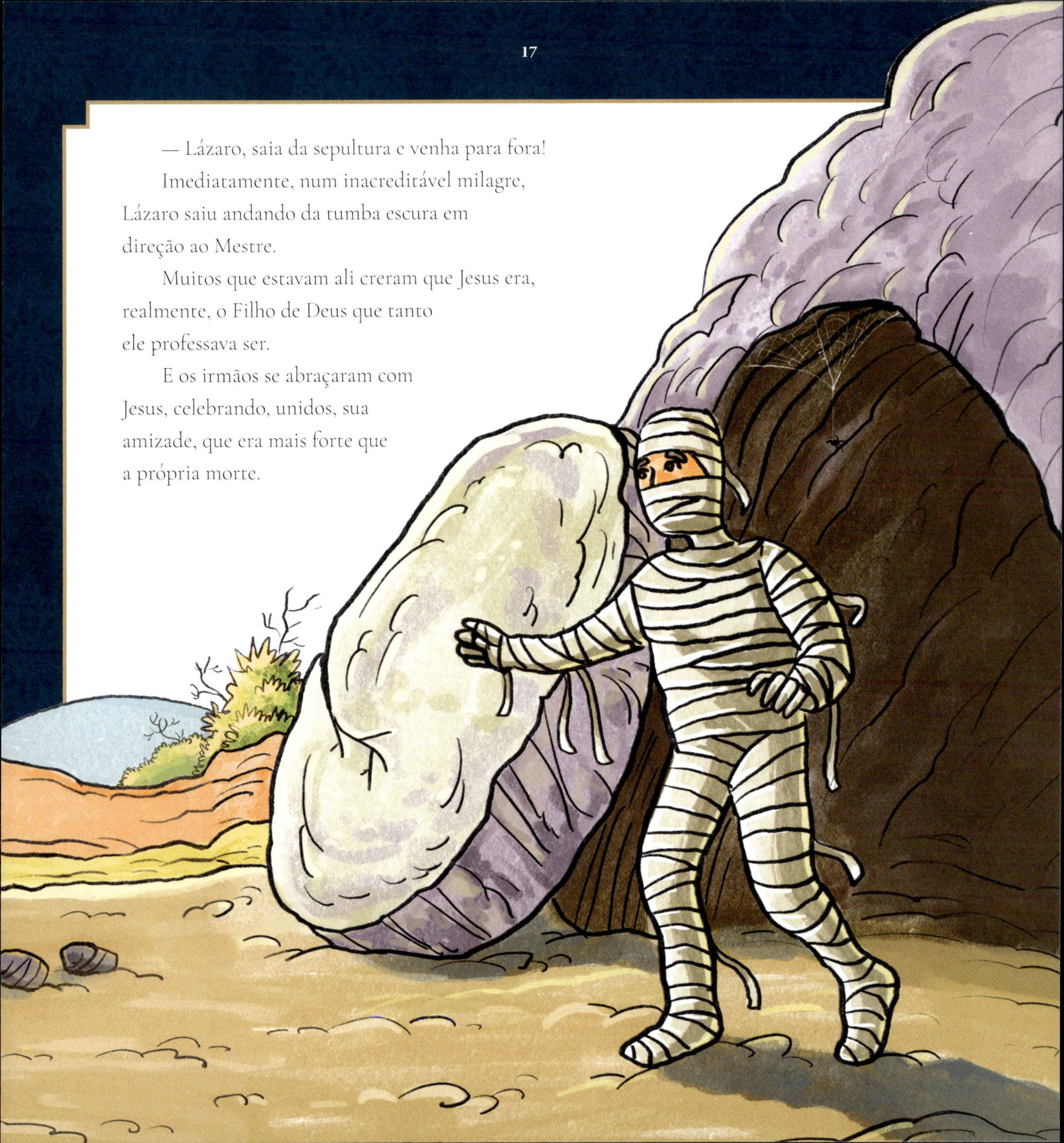

AONDE FOR, EU IREI

A história de duas amigas inseparáveis.

Noemi era uma mulher muito feliz. Tinha seu marido, dois filhos e suas noras, as quais muito amava.

Um dia, seu marido adoeceu e morreu. Alguns anos depois, seus dois filhos também vieram a falecer, deixando a velha senhora triste e abatida, apenas com as duas noras como companheiras de sua angústia.

Decidida a mudar de cidade e tentar recomeçar a sua vida, Noemi se despediu de suas noras, dizendo assim:

— Voltem para a casa de seus pais e vivam com as suas mães. Deus permita que vocês se casem de novo e sejam felizes.

As duas moças não queriam se separar de Noemi. Choraram muito na despedida:

— Nós não queremos deixar a senhora! — lamentavam elas.

Mas Noemi as despediu assim mesmo, achando que era o melhor a fazer por elas.

Uma das noras seguiu o conselho de Noemi e partiu, mas a outra nora, chamada Rute, se recusou a abandoná-la e insistiu muito em ficar.

A velha senhora ainda lhe disse:

— Volte para a sua família como fez a sua cunhada.

Porém Rute respondeu, convicta, à sua sogra:

— Não me peça mais para abandoná-la! Aonde a senhora for, eu irei; onde morar, morarei contigo; o teu povo será o meu povo; o teu Deus será o meu Deus; e onde a senhora morrer, eu também morrerei ali e serei sepultada contigo. Deus me castigue se alguma coisa me separar de ti!

Tempos depois, as duas mulheres foram muito abençoadas por Deus.

Rute ouviu o conselho de sua sogra e veio a casar-se com Boaz, um homem de muitas posses. Assim, ela pôde cuidar de Noemi por toda a sua vida, cumprindo o que havia prometido, restaurando a alegria na vida de sua melhor e inseparável amiga.

OS DOIS PREGADORES

Paulo e Barnabé foram grandes companheiros na pregação do Evangelho.

Paulo e Barnabé,
homens de muita fé,
pregavam o Evangelho, noite e dia,
por toda a Antioquia.

Conheciam-se há muito tempo,
sendo amigos em cada momento.
Viveram grandes emoções
por conta de suas pregações.

Cuidaram de muitas vidas,
por seu amor foram servidas.
Assim iniciaram a Igreja,
com fé e muita firmeza.

Daí surgiu a oportunidade
de seguirem para outra cidade.
Mas houve uma discussão
que causou certa confusão.

Barnabé queria levar outro amigo,
e Paulo não achou bom o motivo.
Discordaram sobre a razão,
e cada um seguiu numa direção.

Apesar de não terem concordado,
e cada um seguir por um lado,
um acordo nunca foi esquecido:
de serem para sempre bons amigos.

O LIVRO DAS VIRTUDES BÍBLICAS

DISCIPLINA

QUATRO JOVENS DIFERENTES

A disciplina e determinação de quatro amigos os tornaram um exemplo para o rei da Babilônia.

Nabucodonosor, rei da Babilônia, dominou a cidade de Jerusalém e levou cativo o povo de Judá. Ele pediu para um de seus súditos trazer até ele os melhores jovens de Judá, aqueles que fossem de famílias nobres, bonitos e inteligentes, para que ensinassem tudo sobre a cultura do seu povo a eles, e que habitassem na corte do rei.

O rei Nabucodonosor ainda instruiu para que os alimentassem com comida e bebida da mesa real e que assim fossem mantidos durante três anos, antes de se apresentarem ao rei.

Entre os jovens de Judá estavam Daniel, Hananias, Mizael e Azarias.

Contrariando a ordem real, os quatro jovens se recusaram a comer e beber das iguarias do rei e pediram para que lhes permitissem agir assim. O encarregado do rei que havia ficado com a incumbência de cuidar deles lhes disse:

— Tenho medo de que o rei os encontre abatidos por não estarem sendo bem alimentados. Minha vida pode correr perigo!

Mas Daniel o tranquilizou, dizendo:

— Peço que experimente por dez dias nos alimentar apenas com legumes e água e nos compare com os outros jovens.

O encarregado concordou em fazer isso e confiou na palavra de Daniel.

Os quatro jovens mantiveram sua conduta disciplinar, só se alimentando conforme haviam determinado, sem tocar na comida e na bebida que vinha da mesa do rei.

No fim dos dez dias, o encarregado constatou que eles estavam mais robustos e com a aparência melhor do que qualquer outro jovem que comia das iguarias do rei. Deus deu aos quatro jovens o pleno conhecimento e sabedoria sobre toda a cultura daquele reino.

E depois do tempo estipulado, eles foram apresentados ao rei. Nabucodonosor lhes fez perguntas e ficou muito impressionado com eles. Esses jovens se destacaram em tudo, sendo mais conhecedores do que qualquer outro que havia no reino da Babilônia.

UM DISCÍPULO DISCIPLINADO

Eliseu seguiu os passos de Elias e se tornou um profeta respeitado.

Elias foi um profeta zeloso de Israel, com grande poder e prestígio. Ele realizou milagres incríveis, e os reis o temeram. Ressuscitou o filho de uma viúva, foi alimentado por corvos no deserto, orou para que chovesse e enfrentou quatrocentos profetas do deus Baal, derrotando todos eles em um desafio no qual Deus foi exaltado.

Certa vez, enquanto descansava em uma caverna, Deus disse a Elias para dirigir-se ao deserto de Damasco e ungir o jovem Eliseu como seu sucessor.

Ao chegar ao local, encontrou o rapaz cuidando de bois e, ao lançar sua capa sobre ele, convocou-o como discípulo. Imediatamente, o jovem abandonou seu trabalho, despediu-se de

seus pais e seguiu o profeta, fielmente. Durante todo esse tempo, Eliseu não se afastou de Elias e testemunhou o poder de Deus atuando em sua vida.

Tempos depois, Deus disse a Elias que em breve o levaria num redemoinho de fogo. Então, Deus falou que ele fosse para a cidade de Betel. Elias pediu para Eliseu ficar, mas o fiel discípulo respondeu, decisivamente:

— Tão certo como vive o Senhor e a tua alma, não te deixarei!

Em Betel, vários profetas se aproximavam de Eliseu dizendo que Elias seria levado por Deus num redemoinho de fogo. Eliseu, que já sabia disso, respondeu a esses profetas que se calassem.

Certo dia, Deus disse para Elias ir à cidade de Jericó e, mais uma vez, Elias pediu para Eliseu ficar.

Da mesma forma, o jovem respondeu a ele:

— Tão certo como vive o Senhor e a tua alma, não te deixarei!

Ao chegarem a Jericó, diversos profetas se aproximaram de Eliseu dizendo que Elias seria levado por Deus num redemoinho de fogo.

Eliseu os mandava se calarem, pois já sabia disso. Então, Elias disse a ele que iria para o Jordão, e mais uma vez Eliseu respondeu:

— Tão certo como vive o Senhor e a tua alma, não te deixarei!

Diante do rio Jordão, Elias estendeu sua capa sobre as águas e elas se abriram. Após atravessarem o rio, Elias perguntou ao seu discípulo:

— Antes que Deus me leve, peça o que quiser e eu farei.

O jovem ousadamente disse:

— Desejo ter porção dobrada do seu espírito sobre mim

Assim, enquanto caminhavam, um carro de fogo, com cavalos de fogo, os separou um do outro e Elias subiu ao céu num redemoinho, deixando sua capa cair sobre Eliseu.

Fruto de sua disciplina e fidelidade, Eliseu se tornou um profeta muito respeitado e de grande prestígio em Israel, assim como havia sido seu mestre Elias.

O SEMEADOR

O trabalho de um semeador é recompensado por sua disciplina persistente.

Dia após dia, sob chuva ou sol, calor ou frio intenso, o semeador cumpre sua missão de espalhar as suas sementes por onde passa. Isso é natural, pois é o seu trabalho diário, e ele o cumpre com muita dedicação e afinco.

Há dias que ele sai pelo caminho e, ao lançar suas sementes, nem imagina o destino de cada uma delas. Seu foco está em ver a possibilidade de ter sucesso em sua colheita.

Algumas vezes, muitas delas caem à beira do caminho e ali se tornam reféns dos ataques dos pássaros, que, ávidos por comida, logo as devoram sem deixar qualquer vestígio de sua existência.

Outras vezes, algumas sementes, ao serem lançadas, são cercadas pelas pedras e a aridez do solo, causada pelo intenso calor do Sol. Logo secam e morrem, sem conseguir se desenvolver.

Há também aquelas que caem entre os espinhos sufocantes e cruéis. Ao se desenvolverem, até tentam frutificar, mas os espinhos as oprimem, como garras vorazes, não conseguindo florescer ou dar algum fruto.

Mesmo diante dessas possibilidades, o semeador acredita no resultado do seu trabalho e na disciplina de realizar a sua tarefa diária, ainda que diante de tantas adversidades.

Mas muitas dessas sementes caem em terra boa e fértil, promovendo a transformação daqueles pequenos grãos em plantas, árvores e frutos.

Esse é o incentivo do semeador. Isso o faz continuar, incansavelmente, a sua missão. O seu sucesso está na disciplina e na persistência em se manter firme, crendo que colherá o digno fruto do seu trabalho.

UM LEÃO NA ORAÇÃO

O profeta Daniel foi provado por sua disciplina na oração.

Daniel, um profeta antigo,
que do rei da Pérsia foi grande amigo,
tornou-se um bom governador
de todas as terras do seu senhor.

Mas Daniel sofreu um atentado
por alguns homens mal-intencionados.
Ao rei eles obrigaram uma lei criar,
que proibisse alguém a Deus orar.

Como Daniel era disciplinado na oração,
viram nisso a sua condenação.
E assim se cumpriram suas más intenções:
lançaram Daniel na cova dos leões.

Mas o rei ficou aflito e nem dormiu,
e até a Deus por Daniel pediu.
Na cova, abandonado, o profeta orou,
e um anjo de Deus os leões calou.

No dia seguinte, Daniel saiu vivo
e foi recebido pelo rei amigo.
E quanto àqueles homens, vou te falar:
dos leões se tornaram um bom jantar!

O LIVRO DAS VIRTUDES BÍBLICAS

HONESTIDADE

UM ADMINISTRADOR DE SUCESSO

José viveu aflições e sucessos sem deixar de ser um rapaz honesto.

Jacó teve vários filhos, mas havia um que ele tinha como seu filho amado. Ele se chamava José. Por conta disso, seus irmãos o odiavam e não viam a hora de se ver livre da presença dele. Mas José era uma pessoa muito honesta e não escondia nada de seus irmãos, até mesmo os sonhos que tinha com eles se curvando diante dele, como se fossem seus súditos. Foi aí que eles planejaram dar um fim a essa história.

Num dia, enquanto cuidavam do rebanho, Jacó pediu a José que fosse até os irmãos e trouxesse notícias sobre eles. Aproveitando a ocasião, seus irmãos o pegaram, jogaram-no num poço e depois o venderam para uma caravana de viajantes que passava por ali. Então sujaram com sangue a linda capa que José usava e a levaram para que seu pai pensasse que um animal selvagem o havia atacado. Jacó ficou demasiadamente triste ao saber que seu filho amado havia morrido.

A tal caravana se dirigiu ao Egito, e lá venderam José a Potifar, um oficial do faraó, rei do Egito. Na casa desse oficial, ele cuidou de tudo com tanta honestidade que Potifar entregou todas as coisas de sua casa para José administrar.

Mas a mulher de Potifar tentou seduzir José, que acabou fugindo de suas investidas. Isso a deixou tão irritada que ela mentiu ao seu marido, dizendo que tinha sido desrespeitada por ele. Então, muito irado, Potifar lançou José numa prisão.

Na prisão, José mais uma vez chamou atenção por sua honestidade em lidar com as coisas, e o carcereiro permitiu que ele administrasse toda a prisão.

Certo dia, chegaram dois prisioneiros novos: um copeiro e um padeiro do próprio faraó. José cuidou deles com muita atenção, suprindo as suas necessidades, mas aconteceu que um dia eles estavam muito aflitos por causa de um sonho muito estranho que os dois tiveram naquela noite. José os ouviu e decifrou o sonho de cada um deles.

No aniversário do faraó, ele chamou de volta o copeiro e o padeiro para ajudarem no banquete. Ali se cumpriu a interpretação dos sonhos feita por José — o copeiro foi perdoado e o padeiro enforcado.

Depois de dois anos, o faraó também teve sonhos bem estranhos e estava perturbado com isso. Foi quando o copeiro lembrou-se de José, e o faraó mandou que o trouxessem para interpretar seus sonhos. E José o fez perfeitamente!

Como os sonhos do faraó significavam que o Egito passaria por anos de prosperidade e depois de muita fome, José foi eleito administrador sobre todo o Egito para cuidar de tudo, conforme ele próprio havia proposto ao faraó.

José se destacava por seu empenho e trabalho honesto, fazendo o Egito passar pelos anos de fome com bastante reserva de alimentos que haviam sido poupados na época da boa safra, mas as outras regiões padeciam de fome.

Então, aconteceu que os irmãos de José foram até o Egito para conseguir alimentos e se apresentaram diante dele, clamando por ajuda.

Já se haviam passado tantos anos que nem o reconheceram e ali se curvaram diante do grande administrador do Egito.

O faraó tinha por José tanto apreço, por causa de sua dedicação e honestidade, que permitiu que todos os membros de sua família fossem acolhidos no Egito. Assim se cumpriu o sonho de José, aquele honesto rapaz.

O PEQUENO COBRADOR

Um cobrador de impostos muda sua atitude depois de um encontro inusitado.

Zaqueu era um cobrador de impostos que morava na cidade de Jericó. O povo daquela cidade não gostava dele, pois Zaqueu, além de cobrar impostos, cobrava dinheiro a mais para si próprio.

Um dia, ele soube que Jesus passaria por Jericó, e isso o deixou curioso para ver o Mestre, que arrebanhava tantos seguidores e fazia diversos milagres.

Como era de baixa estatura, Zaqueu subiu numa figueira para poder olhar o Mestre, que se aproximava cercado pela multidão.

A grande multidão cercava Jesus, impedindo-o até de caminhar livremente, mas Zaqueu estava em seu posto, pronto para ver o famoso Mestre passar.

Por incrível que pareça, apesar de todo o tumulto causado pela quantidade de seguidores, Jesus avistou o pequeno Zaqueu no galho da figueira e assim lhe disse:

— Zaqueu, desça depressa daí porque hoje estarei contigo em tua casa!

Ao ouvirem isso, as pessoas se revoltaram com a atitude de Jesus em dar atenção ao desonesto cobrador de impostos.

— Que absurdo o Mestre querer ficar na casa desse ladrão! — diziam, aborrecidos.

Já na casa de Zaqueu, Jesus ouviu uma declaração do cobrador de impostos que surpreendeu a todos:

— Bom Mestre, eu me arrependo de tudo que fiz e de agora em diante prometo dividir metade dos meus bens com os pobres. E, se roubei alguma coisa de alguém, eu devolverei quatro vezes mais.

Satisfeito com a atitude de Zaqueu, Jesus disse a todos:

— Vejam, a salvação chegou a esta casa! Eu vim para os que estavam perdidos!

E foi assim que daquele dia em diante o pequeno Zaqueu se tornou um grande homem, admirado por todos por sua bondade e retidão em seu viver.

UM CASAL DESONESTO

Ananias e Safira tentaram enganar a Deus e pagaram um preço bem caro por isso.

No início da Igreja,
onde não havia desigualdade,
cada um cuidava do outro
com toda solidariedade.

Vendiam o que tinham
e faziam a coisa certa.
Pedro era o responsável
por receber as ofertas.

Então surgiu um casal:
Ananias e Safira.
Eles se deram muito mal
por praticarem uma mentira.

Venderam uma propriedade
e prometeram dar aos seus,
só que na hora da sua oferta,
enganaram o povo de Deus.

Deram apenas uma parte,
guardando o resto consigo.
Daí caiu sobre o casal
um terrível castigo.

Por sua desonestidade,
ambos caíram abatidos.
Juntos, foram morar,
na terra dos esquecidos.

O VERDADEIRO TESTEMUNHO

O profeta Samuel declara sua honestidade diante do povo de Israel.

Samuel já estava velho e cansado. Diante do povo de Israel, ele defendeu sua honra como profeta, juiz, administrador e sacerdote, funções que sempre exerceu com muita honestidade.

Acompanhado de Saul, que a pedido do povo ele havia ungido rei de Israel, Samuel declarou:

— Sempre atendi a voz de vocês e quando pediram que eu ungisse um rei para Israel, eu o fiz. Ele está diante de todos vocês.

Desde a minha mocidade eu pratiquei tudo conforme a lei, corretamente.

Meus filhos estão diante de vocês.

Podem me condenar diante de Deus e do rei se roubei algum boi de alguém ou mesmo um jumento; se ofendi alguém com palavras ou oprimi também; ou aceitei algum suborno para fechar os meus olhos ao seu pecado. Digam, e eu o restituirei!

Então, o povo, ao ouvir as declarações de Samuel, reconheceu a verdade em sua vida e testemunhou a respeito de sua honestidade:

— Em nada fomos roubados, nem oprimidos por coisa alguma que você tenha feito.

E Samuel ainda disse assim:

— Deus é testemunha, e o rei que está aqui presente diante de vocês, que nada tenho de errado em minhas mãos.

E o povo declarou:

— Deus é testemunha!

E assim Samuel viveu a sua vida de forma exemplar. Seu exemplo de servo de Deus foi sempre lembrado, e quando veio a falecer, todo o povo pranteou sua morte, sendo ele honrado por tudo que havia feito por Israel.

O LIVRO DAS VIRTUDES BÍBLICAS

HUMILDADE

PLENO AMOR

Deus expressou o seu grande amor quando se humilhou ao enviar o seu único filho para morrer por nós.

Do reino celeste
a uma simples estrebaria,
raiou numa noite
nossa grande alegria.

O pequeno menino,
envolto em lençóis,
o Filho de Deus
veio habitar entre nós.

Cresceu em graça e sabedoria,
cheio de plena glória.
Com sua doce humildade
mudou toda a história.

Curou aleijados,
cegos e doentes.
Sua divina presença
transformou muita gente.

Mas aquele que é santo,
em quem não existiu pecado,
um dia foi expulso,
pelo mundo rejeitado.

Tentaram calar sua voz,
apagando sua luz.
Num alto e tosco monte
o cravaram numa cruz.

Sua morte trouxe vida
para todo que o aceitar.
Seu sangue, precioso,
o pecado pode limpar.

E o túmulo cruel,
não conseguiu lhe deter.
Ao terceiro dia,
ressurgiu em poder.

Agora, no reino celeste,
como nosso salvador,
Vive, Jesus Cristo,
nosso pleno amor!

A RAINHA SIMPÁTICA

O coração humilde contagia todos com sua simpatia.

Xerxes era o rei da Pérsia. Ele era o rei mais alegre e festivo de toda a região. Em tudo via motivo para dar uma boa festa.

Certo dia, deu um banquete para todas as autoridades da Pérsia. Prefeitos, governadores e chefes foram convidados para o grande evento.

Noutra vez, promoveu um jantar para todos os moradores da cidade. Ricos e pobres foram convidados para a festa. Vasti, sua bela rainha, deu um banquete só para as mulheres dos convidados.

Tudo ia muito bem, com todos se divertindo à vontade, até que o rei ordenou que chamassem a rainha para desfilar com sua bela coroa para os convidados da festa. Foi nesse momento

que o clima da festa mudou — Vasti se recusou a desfilar, contrariando a ordem do rei, que ficou muito irritado.

Isso foi uma grande ofensa à autoridade de Xerxes. O que diriam os convidados sobre a soberania do rei em seu país, se não conseguia governar sobre sua própria casa?

Tanto se entristeceu o rei, que nenhuma outra festa ou comemoração aconteceu por aqueles dias.

Os ministros do reino aconselharam o rei a escrever um decreto para expulsar a rainha soberba. Eles sugeriram promover um concurso para elegerem uma nova rainha no lugar de Vasti. Apesar da tristeza do rei, ele acabou por acatar a sugestão de seus ministros.

O decreto real foi anunciado e, por todas as províncias da Pérsia, belas jovens foram trazidas a fim de serem preparadas para a escolha do rei.

Na cidade de Susã havia um homem bondoso e humilde chamado Mordecai. Ele tinha uma prima chamada Ester, a qual havia criado como filha, após a morte de seus pais.

Ester era linda, e sua humildade e simpatia eram reconhecidas por todos na cidade onde morava.

Ao saber do decreto do rei, Mordecai inscreveu sua prima para o concurso. Várias outras belas jovens também se inscreveram. Com certeza o julgamento seria bem difícil para o rei Xerxes.

Todas as candidatas foram levadas até o palácio, onde durante um ano foram preparadas num tratamento especial para serem apresentadas ao rei.

Nesse tempo, Ester já havia conquistado todos que conviviam com ela e sua adorável simpatia, que exalava de si como um perfume muito agradável.

Quando chegou o tempo determinado, cada moça foi levada à presença do rei para que fosse apreciada e ele escolhesse a futura rainha da Pérsia. Apesar da beleza de cada uma, nenhuma lhe agradava.

Até que chegou a vez de Ester. Quando ela adentrou o salão real e se apresentou ao rei, ele se maravilhou com sua beleza, humildade e simpatia. Ester conquistou a atenção e admiração do rei como nenhuma outra moça havia conseguido.

Sem hesitar, o rei ergueu a coroa reluzente e a colocou sobre a cabeça de Ester, consagrando-a rainha no lugar da arrogante Vasti.

Logo depois, o rei comemorou a ocasião com uma grande festa em honra a Ester e ainda decretou um feriado nacional. Na festa, ele distribuiu presentes para todos os convidados, que muito se alegraram.

A humildade e simpatia de Ester restauraram a alegria do reino, e o rei voltou a ficar feliz novamente.

O PRÍNCIPE E O SERVO

Moisés foi criado na corte do faraó, mas só conheceu o verdadeiro Deus no deserto.

Houve um faraó que tornou o povo de Israel seu escravo. Como eles se multiplicaram muito, o rei temeu e mandou que todo menino fosse morto ao nascer. Um deles foi salvo graças à sua irmã, que o colocou num cesto, lançando-o nas águas do rio Nilo. Pouco depois, ele foi encontrado e acolhido pela filha do próprio faraó. Ela o chamou Moisés.

Por algum tempo, Moisés viveu na corte do rei, sendo considerado como um filho. Ele teve tudo do bom e do melhor, vivendo como um príncipe do Egito.

Certo dia, ao ver um egípcio maltratando um israelita, Moisés acabou por matá-lo.

Ao saber do fato, o faraó passou a perseguir Moisés, querendo acabar com sua vida.

Fugindo para bem longe do Egito, Moisés se refugiou numa terra distante. Ali ele se casou e passou a viver seus dias como pastor de ovelhas.

Enquanto isso, o povo de Israel continuava vivendo na escravidão, sofrendo nas mãos de outro faraó.

Numa certa manhã, enquanto pastoreava o rebanho, Moisés foi surpreendido por um arbusto em chamas, cujo fogo não consumia a planta.

Dali, Deus lhe disse:

— Moisés, o meu povo sofre e você irá ao Egito para libertá-lo.

Moisés se humilhou diante de Deus, temendo não conseguir cumprir sua ordem, mas Deus lhe respondeu:

— Eu serei contigo!

E depois que Deus passou todas as instruções para libertar o povo, Moisés retornou ao Egito, humildemente, conforme a vontade de Deus.

Diante do faraó, Moisés por diversas vezes pediu-lhe que libertasse o seu povo, mas o rei do Egito, soberbo, se recusava. Então Deus mandou terríveis pragas que assolaram os egípcios, forçando o faraó a ceder aos apelos de Moisés, até que o único filho do rei foi morto como sinal da última praga. Arrasado, o faraó deixou o povo ir.

Moisés reuniu todo o povo e seguiram em direção ao mar Vermelho, deixando o Egito para trás. Porém, o faraó, irado, se arrependeu e ordenou ao seu exército que fosse ao encalço de Moisés e seu povo.

Diante do mar e perseguido pelo rei do Egito, Moisés clamou, humildemente, e Deus mandou que seguissem e atravessassem o mar.

As águas se abriram diante do povo, e todos atravessaram a pés enxutos, conforme Deus havia mandado.

Quando o exército do faraó os perseguiu, em meio às águas divididas, Moisés estendeu as mãos, e o mar tragou todos os soldados egípcios, sem que nenhum escapasse.

O povo seguiu sua jornada rumo à terra a qual Deus havia prometido para eles, e Moisés, antes um imponente príncipe do Egito, pôde experimentar o poder de ser uma bênção para muitos, por meio da humildade de ter se tornado um servo de Deus.

DUAS MOEDAS

Atos humildes nunca passam despercebidos aos olhos de Deus.

Numa certa ocasião, Jesus sentou-se próximo ao local onde as pessoas passavam e depositavam suas ofertas no templo. Ali, ele as acompanhava com seu olhar, na companhia de seus discípulos.

Passavam por ali pessoas da nobreza e ricas, vindas de todas as partes. Orgulhosos, aproveitavam o momento para chamarem atenção para o valor de suas ofertas.

No meio daquela multidão encontrava-se uma pobre viúva, que aguardava o momento para depositar sua humilde oferta.

Sob os olhares arrogantes daquelas pessoas, aquela mulher, alegremente, depositou apenas duas moedas de cobre. Elas caíram na urna, acomodando-se sobre as moedas de ouro depositadas pelos nobres ali presentes.

Com um leve sorriso de satisfação, a pobre viúva se afastou, seguindo o seu caminho.

Jesus chamou os seus discípulos e revelou-lhes o que havia observado:

— Veem aquela viúva? A maior oferta depositada foi a dela, pois os outros ofertaram do que lhes havia sobrado, mas ela deu tudo o que tinha de sua pobreza.

E os discípulos se admiraram com a atitude daquela humilde mulher.

O LIVRO DAS VIRTUDES BÍBLICAS

OBEDIÊNCIA

A ARCA DA SALVAÇÃO

Noé construiu um grande barco que se tornou um símbolo de obediência a Deus.

A humanidade estava decadente e havia muito tempo tinha se esquecido das virtudes divinas. O coração de Deus estava tão angustiado que decidiu eliminar a raça humana do mundo. Mas um homem, justo e correto, fez com que Deus permitisse uma segunda chance para a humanidade. Noé era o seu nome.

Deus disse a Noé que ele construísse uma grande arca para abrigar sua família e um casal de cada animal terrestre, pois um dilúvio inundaria toda a Terra e somente sobreviveriam aqueles que estivessem na arca.

Imediatamente, Noé obedeceu e iniciou a construção da arca, conforme a orientação de Deus. Cada detalhe e cada medida foram descritos com precisão, tornando o trabalho árduo e intenso, consumindo tempo e forças.

Aproximando-se a época que Deus havia estabelecido para as chuvas caírem sobre a Terra, a obra foi finalizada. Logo, deu-se início à entrada dos animais na arca. Cada casal, macho e fêmea, obedecia à ordem divina e se dirigia até ela, mansamente.

Quando chegou o tempo determinado, as portas dos céus se abriram e as torrentes de águas foram despejadas sobre a superfície da Terra como verdadeiras cachoeiras. As águas brotavam de todas as entranhas e frestas, inundando velozmente cada canto do planeta. A arca ergueu-se do solo e flutuou com Noé, sua família e os animais. Todos protegidos e salvos.

Durante quarenta dias e quarenta noites a chuva não cessou, e até os cumes das montanhas ficaram submersos.

Então, depois que esse tempo terminou, Noé soltou uma pomba, que retornou à arca com um ramo de oliveira, indicando que o dilúvio havia cessado e porções de terra seca haviam brotado dentre as águas.

Assim, quando a arca atracou no solo seco, Deus disse a Noé:

— Saiam da arca!

E nesse dia um belo arco-íris brilhou no céu, simbolizando a aliança de Deus e sua promessa de nunca mais inundar a Terra. E Noé e sua família agradeceram pela chance de viver e poder fazer parte dessa grandiosa obra redentora de iniciarem um novo mundo.

UMA JUMENTA OBEDIENTE

Deus abre a boca de uma jumenta para falar a um profeta desobediente.

Balaão era um profeta
que tinha uma jumenta.
Era sua companheira,
esperta e sempre atenta.

Obedecia ao seu dono,
sem qualquer reclamação.
O importante para ela
era agradar só Balaão.

Mas um dia o profeta
por um rei foi chamado.
Ele queria, a todo custo,
numa guerra ser abençoado.

Deus não gostou da ideia
e a Balaão quis impedir.
Durante a sua viagem
mandou um anjo intervir.

O profeta e sua jumenta
seguiam tranquilamente,
quando um anjo surgiu
com sua espada à frente.

Balaão não viu nada,
mas sua jumenta se desviou.
Por três vezes foi açoitada,
então, como gente, ela falou:

— Sempre estive contigo,
sempre te carreguei.
Sempre fui obediente
e nunca te abandonei.

Daí seus olhos se abriram
e ao anjo obedeceu.
Seguindo o seu destino,
ao rei repreendeu.

Disse a ele a verdade,
conforme Deus o quis.
Depois, com sua jumenta,
voltou para casa, feliz.

NO VENTRE DO PEIXE

Jonas não obedece a Deus e vive uma experiência única de arrependimento.

Os moradores da cidade de Nínive viviam de uma forma que não agradava aos propósitos de Deus, desobedientes à sua vontade.

Então, Deus chamou o profeta Jonas para que levasse uma mensagem de arrependimento àquele povo. Apesar de ser um profeta, Jonas temeu cumprir essa missão, imaginando que aquele povo pudesse atentar contra a sua vida e que não merecia qualquer salvação.

Assim, Jonas fugiu para o porto e se escondeu num barco com destino a Társis, uma cidade na direção oposta a Nínive.

No decorrer da viagem, uma grande tempestade se formou, e grandes ondas assolavam o frágil barco, que quase naufragava.

A tripulação temia o pior, quando encontrou o profeta escondido no porão do barco. Pediram a ele que rogasse a Deus para protegê-los. Jonas, porém, sabia que aquela tempestade era consequência de sua desobediência, daí pediu que o jogassem ao mar a fim de acalmá-lo.

Atemorizados, eles jogaram o profeta ao mar, que logo se fez calmo. Eles ficaram impressionados e adoraram a Deus pelo livramento.

No profundo oceano, Deus enviou um peixe enorme, que tragou Jonas, e este ficou no seu ventre por três dias e três noites.

No interior daquele grande peixe, sozinho, arrependido, Jonas orou a Deus. Sua oração de arrependimento foi ouvida, e não demorou para que o peixe lançasse o profeta para fora, justamente numa praia em Nínive.

Pouco depois, ele cumpriu a missão que Deus lhe havia proposto e testemunhou o arrependimento e salvação daquele povo.

UMA PROVA DE SACRIFÍCIO

Um verdadeiro teste de obediência vivido por Abraão.

Sara e Abraão viviam ansiosos para terem filhos, mas Sara, infelizmente, era estéril. Ela nunca poderia ter um filho, e isso a entristecia muito.

Certo dia, receberam a visita de mensageiros de Deus, que anunciaram a melhor notícia que o casal poderia ouvir:

— Sara, tua mulher, terá um filho! — disseram a Abraão.

Os dois já estavam bem idosos quando Deus cumpriu a sua promessa e Sara ficou grávida. O nascimento de Isaque foi marcado por uma grande celebração!

Assim, Sara e Abraão puderam desfrutar, mesmo em sua velhice, da presença de seu filho Isaque — o filho da promessa.

Alguns anos depois, Deus fez um pedido a Abraão, que seria a maior prova de obediência à sua vontade. Deus queria que Abraão sacrificasse seu único e amado filho a ele.

Naquela madrugada, Abraão se levantou, preparou um jumento com seus utensílios, acordou seu filho Isaque e seguiu rumo à montanha onde Deus havia determinado o grande sacrifício.

Decidido, Abraão seguiu, pacientemente, até o local do maior desafio de sua vida.

Após três dias de longa caminhada, chegaram ao lugar. Ele e seu filho subiram o monte onde adorariam a Deus. A cada passo, Abraão firmava em seu coração o voto de fé e obediência à vontade de Deus. Isaque apenas seguia seu pai, sem desconfiar de nada.

No alto do monte, Abraão preparou um altar com pedras, enquanto Isaque recolhia uns gravetos para atear fogo. No entanto, o menino não viu o cordeiro para o sacrifício e perguntou ao pai:

— Onde está o animal para o sacrifício, pai?

— Deus providenciará, meu filho — disse Abraão, pacificamente.

Chegado o momento, Abraão tomou Isaque, amarrou seus pés e mãos e o deitou no altar para cumprir a ordem divina.

Mas quando ergueu sua mão para golpear o menino com sua faca, uma potente voz ecoou dos céus, fazendo Abraão paralisar:

— Não faças nenhum mal ao menino! Agora eu sei que me serves verdadeiramente.

Então Abraão olhou ao redor e avistou um cordeiro preso num arbusto e o ofertou, em gratidão a Deus, no altar que havia feito para sacrificar seu filho.

Esse ato de Abraão tornou-o um patriarca famoso, cuja geração foi tão numerosa como as estrelas do céu, e lembrado até os dias de hoje, sendo ele chamado de "o amigo de Deus".

O LIVRO DAS

VIRTUDES

BÍBLICAS

PERSEVERANÇA

CONFORME PROMETIDO

Ana ora, perseverantemente, e tem a resposta que tanto deseja.

Havia uma mulher chamada Ana, que vivia angustiada por não conseguir ter filhos. Seus dias de angústia eram agravados quando a outra esposa de seu marido — pois os costumes daquela época permitiam — ria dela, debochando de sua condição estéril. Apesar disso, seu marido a amava de todo o coração.

Mas Ana tinha consigo o firme desejo de ainda engravidar e assim fez um voto diante de Deus: ao atender seu desejo, ela daria seu filho em oferta para ser criado no templo com os sacerdotes.

Ana pôs-se a orar, incessantemente, até ser atendido seu anseio. Como sempre estava no templo, perseverando em oração, enquanto ela clamava em lágrimas, um sacerdote de nome Eli percebeu seu amargor. Vendo-a naquele estado, confundiu-a até como uma bêbada, pois só movia os lábios, sem mais forças para clamar. Daí, após Ana lhe fazer conhecida a razão do seu pranto, o sacerdote a tranquilizou dizendo-lhe:

— Vai para casa, pois o Senhor já atendeu tuas orações!

E naquele mesmo dia Ana engravidou, cumprindo-se a vontade de Deus em resposta a sua oração.

Tempos depois, após seu filho desmamar, ela o levou ao templo e, como havia prometido, o entregou ao sacerdote para que fosse criado no serviço do Senhor.

E Ana chamou seu filho Samuel, que significa "do Senhor o pedi".

UM HOMEM VIRTUOSO

O personagem desta história nos mostra o poder de perseverar na fé.

Jó era um homem admirável por sua conduta íntegra e valorosa. Ele era grandemente abençoado e por tudo o que possuía era grato ao amor de Deus, motivo que o levava sempre a lhe prestar adoração e ofertar sacrifícios de gratidão. Jó se destacou tanto que o próprio Deus o pôs num teste que exigiu grande perseverança, paciência e fé.

Aconteceu que o Maligno desafiou a Deus para que tirasse tudo de Jó e comprovasse se ele ainda seria um servo confiável, diante de tamanho infortúnio.

Assim, o Senhor permitiu que o Maligno o afligisse com toda sorte de desgraças. Jó, um homem próspero, perdeu tudo o que tinha. Família, casa e rebanhos foram destruídos, deixando aquele homem em profunda pobreza e amargura. Sua vida, antes próspera e feliz, agora se resumia à miséria e desprezo, e até seu corpo foi afetado por moléstias.

Apesar de seu estado lastimável, Jó se manteve firme e perseverante em sua conduta fiel diante de Deus. Mesmo diante de tanto martírio, ele não ousou contender contra Deus, amargando o seu destino.

Após a visita de seus três amigos, que tentaram consolá-lo, Jó decidiu conversar diretamente com Deus, em perseverante busca por respostas às suas diversas questões. Deus esclareceu e revelou a Jó os seus mistérios, tornando conhecido seus desígnios àquele homem, que, além de virtuoso, se tornou um sábio após a conversa com o seu Criador. Em seu estado degradante e angustiante, Jó teve a oportunidade de conhecer o próprio Deus a quem tanto adorava.

Assim, o Senhor restituiu tudo o que Jó possuía e lhe deu sete vezes mais!

E aquele homem que antes só havia ouvido falar de Deus, agora o conhecia pessoalmente.

NO DESERTO

Jesus tem um encontro que põe à prova sua determinação como Filho de Deus.

No deserto, distante,
Jesus meditava isolado.
De repente, num instante,
apareceu-lhe o Diabo.

Sem qualquer convite
surgiu o estrupício.
Dando seus palpites
na vida de Cristo.

Testou-o, incessante,
em sua honra e autoridade.
Mas Jesus, perseverante,
provou a sua majestade.

Com seu intento perdido,
vendo seu fim, certo,
o Diabo saiu vencido,
pelas areias do deserto.

O CONSTRUTOR INSISTENTE

A conquista de um sonho requer muita força, determinação e perseverança.

Quando o povo de Israel voltou do cativeiro na Babilônia, contemplou com muita tristeza a cidade de Jerusalém com seus muros e portões destruídos.

Os povos ao redor de Jerusalém desprezavam e ofendiam os israelitas por causa de sua miséria e desolação. O povo de Israel vivia abatido e infeliz.

Essa triste notícia chegou aos ouvidos de Neemias. Ele chorava de tanta tristeza e não conseguia comer nada, até que em seu coração surgiu o desejo e interesse de reerguer os muros da cidade de Jerusalém.

Neemias orou a Deus e foi falar com o rei para dispensá-lo de seu trabalho na corte a fim de que pudesse realizar essa difícil e árdua tarefa. Ele não se conformava de saber que a cidade de seus antepassados estava naquele estado tão vergonhoso.

A obra era enorme, e Neemias reuniu muitos do povo para ajudá-lo, mas nem todos tinham a intenção de cooperar.

Alguns, por inveja, se levantaram contra ele, tentando impedi-lo de dar continuidade à obra. Planejaram até tirar-lhe a vida!

Mas não estava nos planos do persistente construtor a possibilidade de desistir de seu intento. Cada vez que investiam contra ele, Neemias orava a Deus, perseverantemente:

— Senhor Deus, fortalece as minhas mãos! Senhor Deus, fortalece as minhas mãos!

Para impedir os opositores, Neemias armou alguns operários com espadas, enquanto outros trabalhavam com suas pás e ferramentas. E a obra não cessou!

Os dias se passaram e, lentamente, os muros foram sendo erguidos. O povo de Israel, cada vez mais unido, se orgulhava e se empenhava ainda mais no trabalho de reconstrução.

Quando a obra terminou, todos os moradores, maravilhados, celebraram a Deus com grande júbilo e alegria.

Enfim, Neemias pôde ver seu sonho realizado. Um sonho que exigiu muito esforço, mas foi recompensado ao ver os muros da cidade de Jerusalém e a dignidade do povo de Israel restaurados.

O LIVRO DAS VIRTUDES BÍBLICAS

RESPONSABILIDADE

O PASTOR VALENTE

A responsabilidade de cuidar de um rebanho levou o jovem Davi a enfrentar o maior desafio de sua vida.

Davi era responsável por cuidar do rebanho de ovelhas de seu pai Jessé. Seu trabalho era defender o rebanho de qualquer roubo ou ataque de algum animal selvagem.

Graças à sua destreza em manusear sua funda, uma arma que lança pedras com muita potência, ele mantinha qualquer ameaça distante de suas ovelhas.

Houve a ocasião de ter de enfrentar um poderoso urso, que foi abatido com sua arma. Um feroz leão também investiu suas garras contra o rebanho, mas Davi se colocou à frente e abateu da mesma forma a terrível ameaça.

Isso tornou o jovem e valente pastor apto a defender seu rebanho e a trazer orgulho para seu pai.

Assim, certa ocasião, ocorreu naquela região o confronto entre o exército de Israel e os filisteus, povo inimigo.

Como os irmãos de Davi estavam servindo no exército de Israel, seu pai mandou que Davi levasse suprimentos para eles.

Ao chegar ao acampamento, o jovem pastor soube da ameaça de um guerreiro inimigo, que insultava e desafiava algum soldado para um confronto pessoal. Era Golias, um verdadeiro gigante em estatura!

Como que diante de um rebanho sendo ameaçado por uma fera selvagem, Davi assumiu a responsabilidade e aceitou o desafio do ousado guerreiro filisteu. Sem qualquer aparato militar, munido apenas com sua funda, o jovem enfrentou o gigante.

Crendo na vitória que seria dada por Deus, Davi manuseou a funda com sua habilidade e coragem peculiar.

Num tiro preciso, o grande adversário tombou abatido ao solo, como aconteceu com o urso e o leão.

E naquele dia o exército de Israel afugentou o inimigo graças à coragem e ousadia de um simples pastor de ovelhas.

RAABE

Uma mulher é recompensada por sua responsabilidade ao proteger dois espiões estrangeiros.

A cidade de Jericó tinha muralhas intransponíveis. Era uma verdadeira fortaleza. O povo de Israel, liderado por Josué, pretendia dominar aquela terra, como prometido por Deus. Daí Josué enviou dois espiões para sondar as possibilidades de invasão.

Numa noite, os dois espiões saíram para cumprir a sua perigosa missão. Caso fossem descobertos, com certeza pagariam com a própria vida por sua falha.

Ao escalarem as muralhas da cidade, eles se abrigaram na casa de uma certa mulher chamada Raabe. Ela sabia que eles vinham do povo de Israel, pois tinha ouvido falar sobre o que Deus havia feito para livrá-los do Egito, abrindo o mar Vermelho para que passassem a salvo.

Raabe os acolheu e garantiu que nada lhes aconteceria, pois cria que Deus daria a cidade de Jericó a eles. Então ela assumiu todo o risco de protegê-los e se responsabilizou por isso.

Quando o rei de Jericó soube que espiões haviam entrado na cidade, saiu à procura deles por todas as casas. Ao chegarem à moradia de Raabe, ela os despistou para salvar os espiões que estavam escondidos num quarto.

A salvo, Raabe fez um pedido a eles:

— Quando dominarem a cidade, poupem a vida de minha família!

Em gratidão, os espiões se responsabilizaram por cumprir o pedido de Raabe:

— Amarre um cordão vermelho na sua janela, e todos serão poupados!

E assim se cumpriu.

Mais tarde, quando Josué invadiu Jericó, derrubando as muralhas da cidade pelo toque de suas trombetas, os dois espiões se lembraram do compromisso com Raabe e salvaram a ela e toda a sua família como haviam prometido.

GARÇONS DOS CÉUS

Um bando de corvos tem a responsabilidade de servir o profeta Elias.

Por ordem de Deus,
distante, num esconderijo,
o profeta Elias
ficou bem escondido.

Próximo ao rio Jordão,
sem qualquer alimento,
dependia do Senhor
para lhe dar o sustento.

Então corvos responsáveis,
como garçons educados,
alimentaram Elias
com carne e pães assados.

Não faltaram ao trabalho,
nem fizeram careta.
Serviram muito bem ao profeta,
sem ganharem gorjeta!

A MULHER DE JOPE

A história de uma mulher que agradou tanto a Deus com suas boas obras que experimentou um fascinante milagre em sua vida.

Havia na cidade de Jope uma mulher muito dedicada a praticar boas obras. Dorcas, como era conhecida, gostava de cuidar dos pobres e viúvas, além de fazer belas roupas para elas. Dorcas se sentia responsável por suprir suas necessidades.

Em sua casa sempre se podia ver uma multidão buscando por seus abençoados favores.

Ela se tornou famosa não só em Jope, mas por toda a redondeza, graças ao seu bom testemunho.

Num triste dia, essa mulher adoeceu gravemente. A doença foi tão cruel que em pouco tempo Dorcas veio a falecer. Toda a cidade de Jope chorou a sua ausência.

Nas ruas da cidade não se veria mais aquela mulher que amparava os necessitados e consolava as viúvas.

Aconteceu que alguns homens da cidade ouviram falar que Pedro, apóstolo de Jesus, se encontrava numa cidade próxima dali e que havia curado um homem que estava doente havia oito anos.

Imediatamente dois homens foram atrás do apóstolo para trazê-lo até a casa de Dorcas. Ao encontrarem Pedro, disseram-lhe:

— Pedro, não se demore. Venha conosco, agora!

Mais tarde, na casa de Dorcas, Pedro se deparou com a multidão triste pela perda da grande benfeitora.

No quarto, encontrou Dorcas na cama rodeada das viúvas que tanto ela ajudava com seus vestidos.

Então, movido pelo poder de Deus, o apóstolo mandou que todos saíssem do aposento e ficou a sós com ela.

Ali, Pedro orou ao lado da cama onde Dorcas estava deitada. Depois, segurou sua mão e disse:

— Levante-se, Dorcas!

Lentamente os olhos da mulher se abriram, e ela ficou sentada na cama, viva novamente!

Pedro a levou para fora, e quando a multidão a viu de pé, todos se maravilharam e celebraram com alegria o milagre que Deus havia feito naquela casa.

Toda a cidade de Jope ficou sabendo do milagre, e muitos creram em Deus naquele dia.

Pouco depois, Dorcas já estava nas ruas, cumprindo sua missão, que era cuidar dos necessitados e praticar suas boas obras.

Paulo Debs é autor e ilustrador de livros infantis, além de compositor, contador de histórias, palestrante, poeta, cartunista e artista plástico. Já publicou mais de 70 livros, sendo premiado em diversos salões literários e de Artes. É membro da Academia Internacional de Literatura Brasileira.

Esta obra foi composta em *Cormorant Garamond*
e impressa por Gráfica Santa Marta sobre papel
Couche Fosco 115 g/m² para Editora Vida.